천년의 미소

시조사랑시인선 12

이태순 시조집

천년의 미소

열린출판

천년의 미소

1판 1쇄 발행 2020년 10월 30일

지은이 | 이 태 순
펴낸곳 | 열린출판
등록 | 제 307-2019-14호
주소 | 서울특별시 성북구 솔샘로25길 28, 114동 903호
전화 | 02-6953-0442
팩스 | 02-6455-5795
전자우편 | open2019@daum.net
디자인 | SEED디자인
인쇄 | 삼양프로세스

ⓒ 이태순, 2020
ISBN 979-11-970404-9-8 03810

*책값은 뒤표지에 표시되어 있습니다.
*저자와 협의하여 인지를 생략합니다.

이 도서의 국립중앙도서관 출판예정도서목록(CIP)은
서지정보유통지원시스템 홈페이지(http://seoji.nl.go.kr)와
국가자료종합목록시스템(http://www.nl.go.kr/kolisnet)에서
이용하실 수 있습니다. (CIP제어번호 : CIP2020044183)

■ 시인의 말

 2015년 칠순의 나이에 늦깎이 시인으로 등단하여 늦은 만큼 나름대로 열심히 시와 시조를 공부했습니다.
 시나 시조나 교과서처럼 공부만 한다고 되는 것이 아니라 시적인 감성이 술이 익듯 저절로 익을 시간적 투자가 필요한 것 같아요.
 2018년 영역시조집 『매듭풀기 Untying the knot』, 노벨타임즈 출간 후에, 다시 100편 이상의 시조를 창작하여, 2020년 1월에 당시 김흥열 (사)시조협회 이사장님의 작품해설까지 받아 놓았어요.

 부족한 졸작이 부끄럽기도 하고 해서, 마침 코로나 팬데믹(특히 고향 대구 코로나)으로 전 세계적으로 사회적 거리두기, 자가격리, 젊은이들의 재테크 등으로 혼란한 시기에 6개월 이상을 집콕하며 2016년에 구입한 김흥열 전 이사장님의 현대시조 창작 지침서 『시조연구 時調研究』와 2020년 3월 출간하신 『현대시조 창작법』으로 독학을 했습니다.
 졸시에 귀한 평설을 써주신 김흥열 명예 이사장님께 진심으로 감사를 드립니다.

 그리고 그동안 선물 받고 읽지 못한 시백님과 개인 시조집만 40여 권을 눈이 빠지게 배독하며 시조와 사유의 강에

풍덩 빠져 코로나 시간을 유익하게 보냈습니다.

그러다 보니 경자년도 1년이 훌쩍 가버리네요.

더는 미루지 말고 올해가 다 가기 전에 작품해설까지 받은 시조집을 다시 한번 정리하여 출간합니다. 부디 코로나로 어려운 시기에 독자들에게 조금이나마 감성적으로 위로가 되는 글이 되었으면 합니다.

2020년 서울 지하철 시 공모전에 저의 졸 시조, 아래 『물수제비』가 선정(8월 30일 발표)되어 앞으로 올해 12월부터 2년간 3개의 서울 지하철 역사 스크린 도어에 게시됩니다. 그나마 서울시민에게 잠시라도 위로가 되는 시조로 뽑혀 다행입니다.

앞으로 더욱 쉬지 않고 정진하겠습니다.

    한적한 호숫가에
    돌멩이 하나 들고

    물수제비 떠보려고
    고개 숙여 수면을 보면

    물속에
    하늘이 있다
    물수제비
    스쳐가네.

이태순의 「물수제비」 전문
(2020년 서울지하철 안전문 게재시 선정작)

■ 차례

시인의 말 __ 5

1부 타임캡슐을 타고서

봄은 오는데 __ 15
꽃씨를 뿌리고 __ 16
춘경 __ 17
봄밤 별밤 __ 18
춘삼월 꽃들 __ 19
봄 가면 여름 오듯 __ 20
계절의 여왕 __ 21
아파트 정문에서 __ 22
타임캡슐을 타고서 __ 23
시골 사랑방 __ 24
방천 빨래터 __ 25
시골 큰집 __ 26
달 속의 수묵화 __ 27
채식 아이 __ 28
향수 __ 29
잘못된 일기예보 __ 30
낙엽의 진혼곡 __ 31
처음처럼 __ 32
불꽃처럼 __ 33
나이를 먹는다는 것 __ 34
그 시절 학교 가는 길 __ 35

2부 꽃도 날면 새가 된다

오늘 __39
꽃도 날면 새가 된다 __40
지고 피는 꽃 __41
꽃도 안 피는 너도 꽃이니 __42
꽃이 이울면 __43
꽃불 효심 __44
석류 __45
응달에 핀 해바라기 __46
가을 나무 __47
죽어 등이 돼 준 낭구 __48
옹이 __49
몽돌 __50
발자국 __51
까마귀 고기 __52
동치미 무 __53
삼부 종사 __54
객구물림 __55
급체 __56
다육이 꽃 피는 유월 __57
잎을 뚫고 나온 꽃봉오리 __58
자유의 여신상처럼 __59
엘레강스 나팔꽃 __60
꽃 진 자리 __61

3부 인생 리모델링

인생은 바람에 날리는 구름 같아라__65
인생 2막__66
인생 리모델링__67
인생 리모델링·2__68
인생은 등산 코스__69
누울 자리__70
기억 속으로__71
이별 연습__72
백세시대__73
할머니 __74
오는 잠__75
잠 빚__76
신과 한판__77
기억의 파편들 __78
산 사람은 살아야지__79
코로나 물렀거라__80
낮달이 된 뻥튀기__81
방생__82
늦잠__83
안면인식__84
소망__85
오늘의 유효기간__86
잎새에 꽃을 그리다 __87

4부 인연을 엮다

베네치아__91
나이아가라 폭포__92
천 섬의 볼트 성__93
앙코르와트__94
인연을 엮다__95
윤회__96
샌드위치__97
오리 가족 나들이__98
절규 絶叫__99
울 엄마 산소__100
사모곡__101
아버지의 곡차 穀茶__102
천사 언니__103
난 괜찮다, 넌 괜찮니?__104
민들레 삶처럼__105
역행 逆行__106
반가사유상__107
패륜왕과 귀비 __108
파로호__109
주초위왕 走肖爲王__110
나를 난신이라 부르지 마라 __111
비우리 __112

5부 천년의 미소

천년의 미소, 와당 __115
연금술사 __116
영감 靈感, inspiration __117
카오스의 암흑 속에서 __118
시인 이옥봉 __119
5차원 __120
알파 제로(5G시대) __121
저장 공간 부족 __122
중고 노트북 __123
이유 없는 원성 怨聲 __124
소시오패스 __125
피부의 영성 靈性 __126
동지 팥죽 __127
눈 감으면 이승이나 저승이나 __128
어떤 꿈 __129
붉은 심장 __130
칠순날 시절가조 __131
시조의 미학과 품격 __132
꽃들의 달력 __133
역광에서 핀 꽃 __134
꽃등에 불 밝혀 __135
신경초 __136

자귀나무__137
남국의 페츄니아__138

평설: 시인이 가꾼 꽃밭을 거닐며__139

1부 타임캡슐을 타고서

봄은 오는데

울타리 회양목은
노랑꽃 향기 털고

새벽녘 운무 속에
선잠 깬 새가 우네

신기루
조물주의 지휘에
요동치는 봄의 전령.

꽃씨를 뿌리고

해마다 꽃씨 받아 이곳저곳 심어놓고
무지갯빛 아름다운 꽃밭을 꿈꾸는데
어느새 나도 나이 들어 꽃 필 날만 기다리네

사는 게 뜬구름 같아 불현듯 서러운데
산자와 죽은 자들 그 경계가 없을진대
오늘도 마음을 비워 내일을 미리 담네.

춘경

육신과 젖은 눈은
천근만근 가라앉고

새 생명은 소리 없이
천지를 들썩거려

부신 듯
활짝 벙글어 춘곤증을 깨우네.

봄밤 별밤

봄꽃은 봇물 터져
사방천지 꽃 잔치

은하수 별 밤처럼
개나리도 송이송이

춘삼월
봄비 소리가
종소리로 울리네.

춘삼월 꽃들

남쪽에 꽃 소식이
봄바람에 분분한데

우리 동네 말라버린
꽃나무는 기척 없네

그러다
어느 날 갑자기
한꺼번에 다투겠다

개나리 산수유꽃
진달래꽃 목련꽃

어느 꽃이 먼저 핀들
뭐가 그리 대수더냐

꽃들아
이 복잡한 세상에
급할 것이 하나 없다.

봄 가면 여름 오듯

봄 가면 여름 오듯 계절의 쳇바퀴로
해마다 여름 되면 장마는 반복되고
창밖에 빗물 소리가 내 심사를 들쑤신다

나이 들면 애 된다고 눈물도 흔하구나
새소리 바람 소리 기척인 듯 들썩이면
뉘신가 날 부르는 소리에 깜짝깜짝 놀란다.

계절의 여왕

태양도 시릴 만큼
흐벅진 오월 장미

무리 지어 깔깔대며
담장을 타고 올라

온 동네
달뜨게 한다,
가시담을 둘러치고.

아파트 정문에서

초겨울에 빨갛게
볼 시린 제라늄 꽃

이불을 덮어 줄까?
허리가 부러지랴

아직도
겨울은 먼데
보초 서는 제라늄.

타임캡슐을 타고서

암탉이 알을 낳고 수탉은 홰를 치고
병아리 삐약삐약 엄마 따라 종종걸음
농막에 졸던 누렁이는 하품하며 따라간다

봉숭아 꽃물 들여 살평상에 앉았더니
단발머리 한 소녀가 웃으며 하는 말이
옛날로 돌아가잔다, 타임캡슐 타고서

개나리 산수유 꽃 만발한 고향 동네
친구랑 놀다 와서 샘물로 등목하고
우물 속 수박 한 덩이로 염천 더위 식힌다.

시골 사랑방

어릴 때 천석꾼 집 고모네 놀러 가면
댓돌 위 흰 나막신 손님을 반겨 맞네
사랑방 할아버지 옷엔 댓진 냄새 풍겨나고

앞마당 감나무엔 단감 냄새 솔솔 나고
우물가 보라색의 달개비는 꿈을 꾸고
여기가 무릉도원인데 고모님은 안 계시네.

방천 빨래터

수돗물 없던 시절 방천 밑 빨래터로
엄마들 이고 지고 동네 아낙네 다 모여서
돌밭에 빨래를 널며 백옥 되길 소망한다

양잿물에 기절한 듯 창백해진 빨래들이
땡볕에 한숨 자고 뽀얗게 깨어난다
얼마나 힘들었을까 우리 엄마 하루 삶이

엄마의 손을 잡고 '폴짝폴짝' 앞서가면
행여나 넘어질까 걱정하던 어머니가
오늘도 방천 뚝 길을 저만치서 가고 있다.

시골 큰집

방학엔 엄마 손 잡고 종종걸음 큰집 가네
버스 창을 스쳐 가는 시골길 가로수들
줄지어 영화가 되어 파노라마 상영하네

앞마당 감나무에 주렁주렁 열린 홍시
화롯불에 군밤 절편 올려서 구워 먹고
사랑채 댓돌 위에는 나막신이 고요하다

벽에는 검은 갓과 곰방대 녹슨 재떨이
댓진 냄새 풍기는 사랑방이 정겨웁다
조금 전 태어난 송아지 걸음마가 신기하고

달 뜨는 여름밤엔 수박 참외 서리하고
애들은 늪에 들어 하루해를 다 보내면
어느새 달님이 나와 가는 길을 밝혀준다.

달 속의 수묵화

임 그린 밤하늘에
보름달이 떠오르면

달님을 뚝 떼 내어
화선지로 잘라놓고

먹청 빛
물감을 찍어
임의 모습 그린다.

채식 아이

엄마가 사 온 고기
소 울음이 묻어 있고

아빠가 사 온 치킨
먹으려니 닭이 우네

아이가
터뜨린 울음보에
온 집안이 물바다네.

향수

꽃잎이 바람 타고
하르르 날아와서

유년 시절 아이 되어
저 멀리 웃고 있네

그 시절
고향 메아리가 나를 반겨 달려드네.

살아서 움직이는
옛 추억이 부활하면

보고 싶은 친구들은
무지개로 피어나고

오 남매
부모 모시고 오손도손 살고 있네.

잘못된 일기예보

삼사일 일기예보 전국적 장마란다
땅 밑에서 들었을까 온몸으로 감지했나
땡볕에 지렁이 한 마리 땅속에서 나왔다

눈 없어 땅바닥에 헛짚어 뒹구니까
개미조차 업신여겨 제 맘대로 물고 가네
며칠간 식량 걱정 없겠다 잔치잔치 열린다.

낙엽의 진혼곡

꺼먹한 낙엽들과
부러진 가시나무

거름이 되기 위해
푹푹 썩는 겨울 길목

나목을
뿌리째 감싼 채
스스로 불사른다.

처음처럼

수채화 물감으로 내 인생을 그려보네
살아온 아픈 기억 다 지울 수 있다면야
물감에 퐁당 빠져서 뼛속까지 물 들겠다

눈이 와 삼라만상 하얗게 뒤덮여서
내 인생의 첫 발자국 수묵화로 그리면서
언제나 그냥 그대로 처음처럼 살고 싶어.

불꽃처럼

한 번만 살고 죽는
기약 없는 인생인데

불꽃처럼 사랑하고
미련 없이 가더라도

아 사랑,
잉걸불같이
재가 되게 활활 타라.

나이를 먹는다는 것

세월이 빨리 가서 어른이 되어보면
좋은 줄만 알던 시절 허뿌게 지나가고
뼈마디 닳고 닳아서 촛농처럼 흐르네

희로애락 온갖 풍상 다 겪고 예 이르니
가뭇한 지나온 길, 빈 수레로 덜컹대네
아서라 백세시대라니 한 치 앞도 모른다.

*허뿌게: 허무하게 경상도 방언

그 시절 학교 가는 길

영하의 강추위에 콧물조차 얼어붙고
책보자기 등에 메고 학교 길로 달려가네
친구들 생각하다가 어느새 학교 도착

놀며 말며 집으로 오는 길은 천하태평
고드름을 따서 먹고 솜사탕도 사서 먹고
우르르 친구들과 달리면 한달음에 집이다.

2부 꽃도 날면 새가 된다

오늘

아침에 눈을 뜨면 오늘도 살았구나
살아있어 기적 같은 고마움을 느끼는데
내 친구, 나의 시어머니는 오늘이 없구나

누구나 눈만 뜨면 날마다 보는 세상
어제 간 친구들과 부모님은 간 곳 없네
내일도, 오늘 같은 내일이 다시 한 번 오려나.

꽃도 날면 새가 된다

벚꽃 비 요정 되어
산지사방 흩날리고

샛노란 개나리꽃
나비 되어 춤을 춘다

춘삼월
백학이 된 목련,
새가 되려 입을 연다.

지고 피는 꽃

봄꽃이 산지사방
지축을 흔들더니

폭죽 맞은 영산홍이
장미에게 밀려난다

사람도
육신만 빼고
자손에게 다 준다

죽으면 썩어버릴
손과 발에 미련인들

아쉬움이 있으랴만
맑은 정신 서럽고나

말어라
백 년도 못 사는 환영 같은 인생사.

꽃도 안 피는 너도 꽃이냐

봄이면 주황색
부케 같은 군자란 꽃

올해엔 웬일일까
꽃소식 감감하네

군자란
꽃도 안 피는 너도 정말 꽃이냐

지난겨울 냉해라도
입었나 답답하다

꽃대궁 높이 올려
불꽃처럼 피어라

홍백합
고귀한 기품 뉘가 감히 넘볼 거냐.

꽃이 이울면

죽으면 세상만사
다 놓고 갈 건데

동백꽃 피었다가
피멍 들어 이울면

가을 녘
만산홍엽이
구름처럼 밀려오네.

꽃불 효심

온 산에 꽃불 나서
산지사방 불태우면

진달래꽃 한 망태기
꽃술로 담가볼까

춘삼월
화전을 구워
부모님께 효도할까.

석류

거북이 등짝처럼
갈라 터진 엄마 손등

툭 터져 핏물 번져
그리움은 눈물 되고

알알이
죄송한 마음
부모 되고 알았네.

응달에 핀 해바라기

꽃이나 피우려나 백화 모두 만발한데
응달에 한 달 늦게 그나마 피었구나

꽃대궁 태양처럼 높게
자존감을 세워라

아파트 후미진 곳 심어놓은 내 탓이지
공유지라 대놓고는 양지를 못 택했어

하마나 언제 꽃 필까
꽃씨 심은 내 마음.

가을 나무

가을을 먹은 나무
취한 듯 옷을 벗어

붉은 옷 한삼 자락
바람에 휘날리면

단풍비
붉그락푸르락
피눈물로 비우네.

죽어 등이 돼 준 낭구

산에서 수십 년을, 아파트 화단에서
십일 년 살다 죽은 등 굽은 소나무가
능소화 푸른 옷을 입고 우뚝 솟아 환생하네

오뉴월 하늘까지 뻗쳐진 가지 따라
원 없이 올라 간 주황색 소화 아씨
하마나 님 오시려나 혼백 된 채 목빠지네

소백산 주목들은 살아 천년 죽어 천년
여름엔 잡풀들로 가을엔 단풍 업고
겨울엔 흰 콧수염 단 터줏대감 신령이다.

*낭구는 나무의 경상도 사투리

옹이

내 몸에 옹이 자국
연 걸리듯 매듭되어

인생의 나이테를
화인같이 밝혀주니

그믐밤
오시는 내 님,
나의 뜻을 아시려나.

몽돌

애초에 못난 게 더 장점 왕따라네
구르고 떠밀리어 물과 같이 흘러오니
결국은 닳고 닳아서 돌부처가 되지만

깎이고 또 깎여서 있는 성질 다 죽이고
어느 날 백사장 진주처럼 빛나려면
아, 나는 삼수갑산을 백 번쯤은 돌아야지.

발자국

아무도 가지 않는
눈길로 걸어간다

음표를 그려보고
수묵화를 그려놔도

오는 눈
쉬지 않고 지운다,
지우개도 없는데.

까마귀 고기

초롱초롱 기억력도 나이 앞에 무너지네
수퍼에 물건 사고 전번 네 자 물어보면
속으론 처음부터 외워서 끝 네 자를 말한다

은행에 비밀번호 잊고 나서 또 만들며
잊을까 비밀번호는 모조리 통일하고
야속한 세월만 탓한다 또 잊을 게 뻔한데.

동치미 무

설한풍 휘 불리는
삼동설한 정지에서

희멀건 동치미 무
독채 얼어 성불하네

식탐에
눈먼 인간이
성자 얼굴 박박 긁네.

삼부 종사

한 많은 엄마 일생
어떻게 살았을까

어릴 때는 부모님
시집와서 남편 받들고

한평생
자식까지
속인들 성했을까

아직도 울 엄마 속은
짐작조차 할 수 없네

조건 없는 삼부 종사
표정 없는 자애로움

어머니,
나도 어머니지만
당신께만 불효녀.

객구물림

해방도 몇 해 지나 초등학교 저학년 때
체했는지 배가 아팠다 "객구*를 물려야지"
엄마는
밥을 푼 바가지에
부엌칼을 들고 왔다

살짜기 시늉만이 내 머리에 십자 긋고
"객구야 물렀거라!" 바가지를 깨부수고
식칼을
열린 대문 앞에
쏜살같이 내던졌다

동짓날 온 집안에 방문마다 팥죽 세례
정월 보름 목욕재계 정화수로 "비나이다"
어머니
지극한 정성 덕에
우리 가족 무탈해요.

*객구: '객귀'의 경북 방언. 밖에서 죽은 귀신

급체

구렁이 담 넘어가듯 뱃속으로 들어와서
똬리 틀어 허리가 끊어지게 꿈틀대네
아팠다 하루 반나절 물만 먹고 살았다

이러다 허리 한 번 못 펴보고 병신 되어
한순간 죽을 수도 있는 게 인생인 걸
우리가 살다 죽을 때는 '안녕' 할 시간도 없다.

다육이 꽃 피는 유월

봄꽃들 산지사방
들썩이며 피고 지고

어느새 담장 아래
덩굴 장미 지친 오후

다육이
꽃향기에 취한
노랑나비 춤춘다.

잎을 뚫고 나온 꽃봉오리

나팔꽃 봉오리가
초록 잎을 뚫었다네

옆의 홍초 못할 리가
없지를 않겠는가

하물며
인간인 나도
무엇인들 못 하랴.

자유의 여신상처럼

백일홍 꽃보다 더
붉게 오래 피는 홍초

우산 같은 큰 잎으로
이웃을 배려하는

횃불 든
자유의 여신상
여름정원 천사다.

엘레강스 나팔꽃

아침을 화려하게
진홍색을 수놓고는

겹겹이 접은 치마
활짝 펴고 나타나서

불타는
집시여인처럼
열정으로 사라지네.

꽃 진 자리

무심코 마주쳤다,
흔적 없는 꽃 진 자리

바람 소리 새소리만
빈자리를 채우는데

아, 그 꽃
꽃등처럼 환하게,
내 가슴에 피었네.

3부 인생 리모델링

인생은 바람에 날리는 구름 같아라

돌이켜 생각하니 수술하고 생명 주신
의사 선생 하느님보다 더 고맙구나
생명은 촛불처럼 꺼진다 사형수처럼 어느 날

새 생명 받았으니 내 몸을 아껴야지
생명을 마주하는 오늘을 감사한다
오호라, 산다는 것은 아침이슬 같구나

꽃 피고 바람 불고 꽃지고 세월 간다
아침저녁 시계 소리 하루를 열고 닫네
인생은 바람에 날리는 구름처럼 흘러간다.

인생 2막

아이들 출가하고 치열했던 업을 접고
중단된 내면 속의 꿈을 좇아 시를 쓰네

끝없이
솟구치는 영감을
두레박에 퍼 나르네

황혼에 칠순 나이 또 한 번 펼쳐보는
인생2막 리모델링 너무 좋아 받아쓰니

쓸수록
녹슬지 않고
영근 시로 화답하네.

인생 리모델링

아파트 화단에서 꽃보다 예쁜 단풍
노을에 불이 붙어 가을 산을 다 태운다
한 겨울 살아가려면 가진 것을 놓으라며

어느새 헌 잎 주고 새잎 돋아 봄이 되니
초록색 단풍나무 햇살에 눈부시다
인생도 리모델링하면 저 모습이 되련만.

인생 리모델링 · 2

칠십 년 끌고 다녀
분필처럼 닳아버린

무릎 연골 허리까지
협착증이 찾아와서

어차피 같이 살 몸인데 짜증 내지 말란다

마음은 천년만년
쓸수록 청춘인데

몸과 맘은 따로 노네
천수는 멀었는데

이것도 감사할 일이다, 하늘의 축복이다

인생은 등산 코스

사는 게 살얼음판
착각 속 세상만사

어차피 인생이란
올라가면 내려온다

시작도,
끝도 모르고
내 의지가 하나 없다.

누울 자리

죽으면 영원하게
눈 감고 누울 자리

그래도 눕고 싶고
피곤하면 눈 감는다

서산에
붉게 지는 해를
어느 누가 막을쏜가.

기억 속으로

하나둘 위태롭게
쌓아 올린 돌탑처럼

어느 날 공도 없이
와르르 무너지면

오늘도
다시 쌓는다
흐트러진 돌을 모아.

이별 연습

내 마음 깊은 곳에 나도 모른 악마 하나
아집과 이기적인 생각으로 똘똘 뭉쳐
나 없는 지구의 종말 상상조차 안 했네

억 겁의 부부 인연 그중에 당신 만나
한평생 함께 꾸린 황금빛 인생길에
한 번도 당신 없는 세상 생각조차 못 했네.

백세시대

누군가 붉은 사과 한 박스를 선물했네
생채기 난 사과 하나 살강 위에 유배하니
날마다 조금씩 썩더니 온통 다 썩었네

사람은 종합검진 내시경에 CT 찍고
좋은 것은 모두 먹고 처방받아 예방하니
이봐요 백세시대가 거저 온 건 아니잖아.

할머니

길 가다 할머니가 스으윽 허릴 펴니
세 치보다 높은 키가 놀랍게도 솟아난다
갑자기 순간의 착시처럼 줄어드는 할머니 키

노인정 앞 유모차는 우리 할매 도우미다
허리 아파 밀고 가고 무거운 짐도 싣네
길 가다 유모차 붙잡고 뒤로 쫙 허리 펴네.

오는 잠

코 닿으면 오는 잠

오늘은 자정 넘어
갈수록 잠이 없네

장사도
못 이기는 잠
봄 탓인가 하노라.

잠 빚

전생에 잠을 못 잔
귀신이 있었을까

금쪽보다 아까운 시간
눈 감으면 잠이 오네

잠 빚에
이길 장사 없다
천근 돌이 눈을 누르네.

신과 한판

오뉴월 고향 집의 앞마당 샘물 속에
파란 하늘 시리도록 붉은 해가 떠오르면
각혈로 알알이 터져버린 석류가 미소 짓네

소녀는 속병 앓아 세상이 싫어지고
어느 날 우물 속에 거꾸로 빠지고파
진종일 논두렁 길에서 정처 없이 헤매네

악마는 손을 잡고 시련을 몰고 오나
굽이굽이 인생사에 인정 없는 하느님
칠순에 위암 선고라니 신과 한판 해볼까.

기억의 파편들

가뭇한 유년 시절 꿈들이 날아올라
끈 떨어진 풍선 되어 철없는 아해 같다
언젠가 찢어 터질 거야, 사라지는 기억들

육신은 닳고 닳아 삐기적 내려앉고
기억의 파편들은 흔적 없이 사라지면
이렇게 대책 없이 앉아 먼 하늘만 바라보네

나이가 나를 먹고 뇌세포도 집어삼켜
희미한 기억 조각 둥둥둥 떠다닌다
까칠한 다섯 살 기억 하나 고희에도 생생하네.

산 사람은 살아야지

살날이 얼마인지 가늠하기 어렵지만
어느 날 당신께서 안 계시면 어찌 할까
아무리 생각해 봐도 답이 없네 우리는

어느 날 내가 없는 이 지구는 그대론데
나 없는 세상에서 당신은 어찌 살까
그래도 식사는 챙기시오, 산 사람은 살아야지,

코로나 물렀거라

코로나 너 때문에 경자년도 절반 간다
봉인된 일장춘몽 꿈만 꾸다 세월 가네
봄 가면 여름 오듯이 역병아 물렀거라

산불은 천재지변 전쟁은 인간 재해
코로나는 바이러스 신종변종 무섭다
아자자, 인간의 열정 무엇인들 못 막으랴.

낮달이 된 뻥튀기

길 가다 뻥튀기를
물고 나는 새를 보니

대낮에 보름달이
떴다가 사라진다

참새가
놓친 것을 물고 날아
낮달이 다시 뜨네.

방생

물고기만 방생인가,
꽃들도 방생이다

이쁜 꽃분 사 와서는
몇 달 보고 죽이는데

미안해
땅에 심었더니
오늘 아침 활짝 피었네.

늦잠

창문을 열고 보니
팔이 시린 새벽

이불을 턱 밑까지
끌어올려 새 잠 자니

여름날
해가 중천에 떴네,
변명으로 뭐라지.

안면인식

눈감고 내 얼굴을 양손으로 만져본다
굴곡진 인생 지도 강물 되어 흘러가고
불현듯 굳은살 박인 엄마 손이 떠오른다

딸네집 현관문에 얼굴을 갖다대니
엄마 온 줄 어찌 알고 AI가 알아봤나
스르륵 도깨비집 문처럼 자동으로 열린다.

소망

곰살곰살 재미있게
시조를 쉽게 쓰며

당신이 공감하고
헛웃음을 나게 하는

'이거야'
마음 한 자락
내어 주는 그런 시.

오늘의 유효기간

똑같은 물건들도 유효기간 다르듯이
당신과 나 우리들의 유효기간 다 다르지
어떻게 관리했느냐에 왔다 갔다 하는 수명

갈 때가 가까우면 팔다리도 피노키오
윤활유가 빠져서는 삐거덕거리는데
아침에 눈을 뜨면은 오늘도 살았구나.

잎새에 꽃을 그리다

오월의 비가 온다 무성한 잡풀들은
사방으로 뿌리 뻗쳐 자양분이 넉넉한데
아직도 싹도 못 틔운 잎에 꽃을 그린다

나처럼 늦깎이인 품격 있는 느티나무
꽃 피긴 먼 잎새 위에 꽃 그림을 그려놓고
어차피 피고 지는 꽃 그림인들 어떠리.

4부 인연을 엮다

베네치아

지중해 아드리아해 끝자락 물의 도시
석호 위 산마르코, 두오모 성당에서
그 옛날 나폴레옹 황제가 환영처럼 지나간다

동전을 던지면서 다음을 약속하는
트레비 분수에는 무지개가 떠오르고
폼페이 슬픈 역사 속 활보하는 화석들

피렌체 거리에서 오고 가는 현대인들
아름드리 올리브에 새순 돋아 푸르르면
저 멀리 나폴리 바다 꿈길처럼 펄럭인다.

나이아가라 폭포

굉음을 울리면서
말들이 질주하듯

하늘엔 무지개와
물보라를 분사하면

인디언
처녀는 흐느낀다
억만년 전설 안고.

천 섬의 볼트 성

크루즈 배를 타고 바람처럼 스쳐 가네
수천 개 동화 속의 인형 같은 집들이다
볼트 성 슬픈 사랑 이야기 전설 되어 흐르네

아내가 보지 못한 볼트 성은 영원하고
아내 위한 사랑의 핑크 소스 달콤하다
전설은 슬픈 사랑만 남는구나 영원히.

* 핑크 소스는 사우전드 소스. 거식증 아내를 위해 개발한 소스다.
* 볼트는 볼트 성(중세 스타일 건축)이 완성되기 전에 아내가 죽자 다시는 그 섬에 안 갔다. 나중에 볼트 성은 뉴욕시에 1달러에 팔렸다.
* 천섬에는 1,500개 작은 섬이 있다. 캐나다와 미국에 걸쳐있다.

앙코르와트

사암 속 압사라가 춤추는 천년 사원
거대한 보리수는 사원을 삼키었네
한순간
병마용갱처럼
회자되네 세상에

희생된 원혼들이 해자 속에 떠도는데
왕들은 어디 갔나 구천인가 천상인가
영원한
세계 불가사의
인간 세상 헛된 욕망.

*진시황의 지하 병마용갱이 왕의 사후세계를 꿈꾸었듯이 앙코르와트의 사원 정문도 해가 지는 서쪽으로 나 있는 지상이 아닌 죽은 왕(수비야바르만 2세)이 신과 합일하는 사후 저승 세계의 불멸을 추구하는 절대 권력자인 왕들. 인간 욕망이 추구하는 허상의 사원입니다.

인연을 엮다

어찌해 난 태어나
부모님을 만났을까

핏줄로 끈끈하게
맺어진 언니오빠

오로지
나와 엮인 인연
죽도록 영원하리

이 세상 끝나도록
살고 있을 알 수 없는

내 분신들 뜨거움이
내 가슴속 파장되네

아버지
끝나도 끝나지 않은
사랑이여 영원이여.

윤회

꽃 피네
꽃이 지네

피가 흘러
강이 되네

인생사
눈물이 흐르면
저승에서 꽃 필까.

샌드위치

신세대 며느리가 수다 떠는 참새 방앗간
지들끼리 손뼉 치며 공감하고 대박 났네
심정이 너희만 못하랴, 칠십 대는 섭섭하다

시엄니는 샌드위치 며느리는 젊은 상전
제 할 말 또박또박 경우는 따져대고
가진 돈 없는 까닭에 벙어리가 되고 만다.

오리 가족 나들이

가족이 함께 모여 호수로 놀러간다
까불락 까불락 신이 난 막내 오리
아뿔싸 발목을 접질러 뒤로 발랑 자빠지네

걱정스런 눈빛으로 엄마는 바라보고
언니는 본 둥 만 둥, 오빠까지 본척만척
해님은 환하게 웃으며 막내 옷을 말리네.

절규 絶叫

미서부 넓은 평야
환상적 노을인데

뭉크의 한스러운
핏빛 노을은 '절규'한다

자연은
늘 그 자리인데
다른 것은 네 맘 내 맘.

울 엄마 산소

출가 후 엄마 산소 와 본 지가 언제던가
무성한 아카시아 사람보다 키가 커서
오뉴월 봉분을 덮네 한식 때 벌초했는데

술 한 잔 부어 놓고 안주 놓고 절을 하며
죄송스런 마음에 목이 메고 눈물 나네
생전에 잘해드린 게 하나 없는 불효녀다

하세월 나도 반백, 어머님은 아시려나
엄마는 뒷전이고 아버지만 사랑한 딸
산 위에 성급한 낮달 엄마 대신 나무란다.

사모곡

어머니 이름 석 자 불러보면 목이 메네
손발이 터지도록 자식 위해 고생해도
엄마는 다 그런가 봐 손 한 번 못 잡았네

이제야 부모 되어 그 심정을 알겠구나
뺀질뺀질 일도 안 한 막내가 예뻤나요
저승에 '만남의 장소 있나요' 꼭 가서 뵈올게요.

아버지의 곡차 穀茶

막걸리 한 사발에 콧수염을 훔치시며
얼큰하게 취해서도 곡차라던 울 아버지
저 멀리 중절모 눌러 쓴 그 모습이 가뭇하네

곡차에 취하셔서 흰 두루마기 펄럭대니
낙상할까 걱정하는 자식 마음 아시려나
앞으로 '살면 얼마나 사냐' 들은 척도 안 하시네.

천사 언니

저승에 잘 있나요 천사 같은 나의 언니
이승보다 저승에 우리 가족 다 모였네
그곳에 부모 형제는 밤낮 무얼 하시나

이승에 혼자 남은 칠순 나도 고아인가
부모님을 모시고 있을 언니 고마워요
저승길 얼마나 먼지 조금만 기다려요.

난 괜찮다, 넌 괜찮니?

팔순의 막내 오빠
건강은 어떠신지

내 나이 칠순 넘어
친정엔 오빠뿐

오늘도
안부 전화하니
"난 괜찮다 넌 괜찮니?"

민들레 삶처럼

우연히 만난 뒤로
한 생을 서로 엮어

샛길로 빠질까 봐
서로서로 다독이며

민들레
삶을 살듯이
인생길을 꾸며간다.

역행 逆行

내 안의 울림 떠나
내 몸이 역행할 때

몸 따로 마음 따로
무너짐을 추스른다

또다시
처음인 듯 결심한
옹이 하나 영근다.

반가사유상

고뇌하는 싯다르타 스스로 깨달음은
자아를 알면서도 외면하는 인간 욕망
비움은 해탈의 성자를 열반으로 이끄네.

*금동 반가사유상(국보 83호 935cm, 국보 78호 832cm) 삼국
시대 작품으로 국립중앙박물관에 소장되어 있다.

패륜왕과 귀비

아무리 경국지색 천하제일 미녀라도
며느리를 양귀비로 맞이한 당 현종은
중국사 패륜 왕인데 장한가로 덧칠하네

패륜 왕 충선왕께 도끼 들고 지부상소
당나라엔 우탁 같은 충신이 없었구나
장한가 백거이에게 무슨 의미 있을까.

파로호 破虜湖

삼만 명 중공군이 수몰된 슬픈 호수
유려한 파로호를 날고 있는 귀촉새야
어느 님 찾아 헤매어 호수 위를 맴도나

사람인지 귀신인지 지옥도의 아비규환
서녘 계신 부모님을 얼마나 불렀을까
밤마다 자귀새 울음은 물비늘로 어룽댄다.

*원래는 대붕호 또는 화천호였으나, 6.25전쟁 당시 1951년 5월 인근에서 중국군을 대파한 곳이라고 하여 1955년 이승만 대통령이 '파로호(破虜湖)'라는 이름을 붙이고 친필 휘호를 내린 이후, 파로호라는 이름으로 불리고 있다

주초위왕 走肖爲王

역모로 모함받아
사약 받고 쓴 절명 시

왕을 위한 충성심,
밝은 해는 알 거라네

충신은
주초 우거진 골에
뒤돌아 눈물짓네.

*수지구 상현동에 있는 조선조 기묘사화 때 사약을 받은 조광조의 심곡서원 묘소 절명시가 쓰인 시비를 읽고 가슴에 눈물이 났다. 38세에 중종의 사약 받고 죽었는데 행여나 왕이 명을 거둘까 하고 두 번이나 뒤돌아보았다고 한다. 후손도 없어 더 쓸쓸해 보였다. 그래도 정경부인과 합장한 묘라서 다행이다. 선조 1년 조광조 신원 되어 영의정에 추증됨. 주초위왕走肖爲王은 (훈구파들이 조광조를 모함한 함정 '주'와 '초' 합해지면 조씨가 왕이 된다) 뜻이다.

나를 난신이라 부르지 마라

그 누가 박팽년을
난신이라 하겠는가

삼 대의 목숨 걸고
행한 절의 충신인데

단호히
나으리를 꾸짖고
천국에서 쉬소서.

*사육신 박팽년은 절친 세조의 회유에 세조 임금을 '나으리'라 불렀다. 세조가 "너는 충청관찰사로 있으면서 내 녹을 먹은 신하가 아니냐?" 하니
 "나는 받은 녹(곡식)은 창고에 그대로 있고 장계 서류에는 신하 巨 박팽년을 쓰지 않고 클 거 巨 박팽년이라고 썼다. 나는 나으리의 신하가 아니고 상왕(단종)의 신하입니다."
그리고 죽기 전에 옆의 사람에게
"나를 난신이라 부르지 마시오"라고 했다.
나중에 세조는 "당대는 난신이고 후대는 충신이다"라고 말했다. 우리는 후대 사람으로 아무도 그를 난신이라 하지 않고 절의의 표상 충신이라 한다.

비우리

동백은 자폭하듯 피 토하며 꽃잎 털고
목련꽃은 바람결에 말갛게 꽃잎 지고
앙상한 낯선 가지에 연둣빛 눈부시다

금등화金藤花 하나둘씩 하늘 향해 꽃등 들면
소화 아씨 슬픈 사연 하늘에 닿았을까
능소화 비 오듯 낙화하면 난들 어찌 안 비우리.

5부 천년의 미소

천년의 미소, 와당

사라진 천년 고찰 얼굴 무늬 수막새*는
선덕여왕 형상일까 미륵 화신 미시랑일까
오로지 온화한 미소 하나 악귀를 물리치네

고요히 다가오는 무구한 여인 미소
절간의 여승일까 어머니 형상일까
숨 쉬는 장인의 온기로 천년 미소 짓는다.

* 1400년 전 삼국시대 신라 문화재(보물 2010호 2018.11.27. 지정)인 얼굴 무늬 수막새(와당 둘다 우리말) 양지 스님이 만든 걸로 추정되는 기왓골 끝에 사용된 둥근 기와로 일부 파손됨. 지름 14cm 추정(와당 일명 수막새)
  일제강점기 영묘지사 절터에서 발견된 것을 일본 의사 다나카 씨가 1934년에 경주의 고물상에서 구입해 소장하다가 1944년에 일본으로 가져갔다. 사람의 얼굴 무늬 와당은 처음 발견된 것임.
  국립경주박물관장(고 박일훈)의 끈질긴 설득과 노력으로 1972년 본향인 경주박물관에 소장자 다나카 씨가 직접 경주에 와서 기증함.

연금술사

시인은 공식적인
거짓말을 잘도 하네

사람을 현혹시켜
잘할수록 인정받고

저렇게
아찔한 집을
벼랑 끝에 세운다

끝없는 샘물처럼
넘쳐나는 생각들이

은유의 메타포가
강물같이 출렁되니

세상에
내가 존경하는
'시인'이란 사람이다.

영감 靈感, inspiration

시인은 번개같이 시상을 받아쓰고
화가는 바람 속 새소리도 그려내고
꿈꾸는 발레리나는 안무만을 구상한다

기법만 다를 뿐인 이심전심 소통으로
가수는 혼신의 힘 다하여 열창하니
영감은 에스프레소처럼 예술가의 산소다.

카오스의 암흑 속에서

가뭇한 시공 속에 나 자신을 잃어버려
어디로 가고 있나, 카오스의 암흑 속에
분연히 심연의 늪에서 새 빛으로 소생하자

균형을 잃은 새는 날지도 못하구나
뱃사공이 노를 잃듯 정신 줄도 놓쳤지만
아무렴, 내가 누구냐? 내 사전에 절망은 없다.

시인 이옥봉

조선의 3대 여류
시인 중 이옥봉은

시를 쓴 두루마리
몸에 감고 강에 투신

흘러서
명나라까지
시선집이 알려졌네

기박한 서녀 출신
첩살이도 소박 맞고

시로써 살다 죽은
여류 중의 여류로다

애닯다
후세의 영광을
저승에서 아시려나.

5차원

시공을 넘나드는
화상 채팅할까요

과거 속 아픔 눈물
흔적에 추억까지

환하게
밝아오는 모니터
'안녕' 하며 사라지네.

알파 제로 (5G시대)

사람이 알파고랑 싸워 바둑에 지고
인공지능 저들끼리 붙어서 일취월장
사람 위 '알파제'로 있고 인간 파멸 두렵다

사람을 분석해 둔 알고리즘 축적되고
사람들은 데이터가 없는 일은 기피한다
소설을 쓰는 인공지능 언젠가 시도 쓸게다.

저장 공간 부족

버리고 지우라네
스마트폰 공간 부족

머릿속 뇌 회로는
차고 넘쳐 깜빡깜빡

운전 중,
나는 어딜 가나?
이러면 안 되는데

칠십을 살았는데
모르는 게 너무 많아

오늘도 적어보지만
적는 순간 날아가네

허망한
메모는 산을 이뤄
머릿속은 용량 오버.

중고 노트북

어느새 노트북을 세 번째로 갈아탔다
노트북 전, 아이들이 대학을 입학해서
선물로 사준 컴퓨터 중고 값은 오천 원

살 때는 거금으로 삼백 만 원 주었는데
고물 되니 아이들 과잣값도 안 되구나
사람도 나이가 드니 중고가 따로 없네

늙으니 부러지고 안 아픈 데 하나 없고
어느 날 준비 없이 저승사자 오시려나
책상 밑 중고 노트북도 바꿔달라 아우성.

이유 없는 원성 怨聲

아득히 먼 곳에서
들려오는 절규 소리

옆에서도 안 들리는
혼자만의 독백 같은

원성은
애꿎은 비수
사람에게 꽂히네.

소시오패스

이 세상 무엇보다 아이큐가 높은 인간
최상위 포식자다 법 규제가 없다면은
두렵다 감옥 속 살인마가 거리를 활보하리

살려고 동식물을 생육해서 잡아먹고
자식의 공부 위해 우골탑이 쌓여가네
포식자 소시오패스가 만든 게 법이라네

인간보다 더 최강의 포식자가 생긴다면
사람들은 여지없이 그들에게 먹히겠지
언제나 영원한 것은 존재하지 않는다네

인간 중 포식자는 '나 외에는 적이다'고
약자를 무시하고 왕따하고 짓밟는다
포식자 그들의 법 속에 평화가 유지되네.

피부의 영성 靈性

한 올의 머리카락
뱀처럼 꿈틀대네

미세먼지 코털을
긴장시켜 눈물 나고

한 가닥
플레이버가
뇌신경을 자극하네.

* 靈性 영성: 사물이나 인간의 신령한 품성
* 플레이버: 커피나 와인 등에서 느낄 수 있는 백 가지 이상의
  오묘한 미각을 피부의 오감으로 느낌을 비유함.

동지 팥죽

그 옛날 울 엄마가 팥죽을 쑤고 있다
소반에 죽 한 그릇 정성스레 떠놓고는
잡귀야 물러가거라 가족 무탈 비손하네

사방 천지 방문마다 붉은 팥죽 뿌려놓아
귀신은 도망가고 액운도 물리치네
용감한 우리 어머니 가족 위한 투사라네.

눈 감으면 이승이나 저승이나

눈감고 누웠으면
저승도 갔다 오네

돌아가신 선친 뵙고
먹먹해 눈물지으니

'괜찮다'
인자한 미소
예전이나 다름없네.

어떤 꿈

나 홀로 아슬하게
금 간 빙판 건너듯이

내 인생 유효기간
자울자울 넘친다

미완성
작품을 두고
매일매일 떠나간다.

붉은 심장

용광로 쇳물 같은
열정으로 시를 쓰고

잉걸불에 무두질한
붉은 심장 하나 꺼낸다면

죽어서
연옥에 빠져도
미치도록 사랑하리.

칠순날 시절가조

남편 칠순 외식 후에 모두가 집에 와서
다과상을 차려놓고 아랫대와 시조 외우기
그래도 사오십 대는 시조 한 수 다 안다

남편이 열 편 이상 암송으로 선창하니
아들딸 조카, 사위 한 잔 술에 동참하여
이 시대 이색 진풍경 천년 정형 낭송회.

시조의 미학과 품격

천년의 시절가조
그려지는 선경후정
압축절제 운율 있고
행간에서 리듬 호흡
고유한
우리 정형시
전통시가 맥을 잇네

3장 6구 12소절
글자 속에 희로애락
계절을 노래하고
역사와 철학이 있다
종장은
귀납법으로
돌려치기 감흥을 주네.

꽃들의 달력

가을에 뿌린 씨앗
그 얇은 껍질 속에

혹한을 견디면서
꿈의 달력 설계해서

놀랍게
정확한 봄날에
꽃이 피네 꽃 피네.

역광에서 핀 꽃

사월 하늘 벚꽃은
상들리에 얼음 꽃

역광에서 반짝하니
수정처럼 눈부시네

그대로
얼어버려라,
벚꽃이여, 설빙처럼.

꽃등에 불 밝혀

세모시 모시 적삼 가슴팍에 대롱대는
실단추의 울 어머니 그리움에 벙그는데
백목련 눈부신 화등花燈 이승 저승 밝힌다

살다 보니 엄마 나이 덤인 듯 산다마는
핏속을 유영하는 내 어머니 유전자로
머잖아 꽃등에 불 밝혀 연어처럼 오르리.

신경초

전신을 통제하는
내 오감의 꿈속에도

순결을 잃을까 봐
손만 대면 파르르 떠네

오늘은
날궂이 하려나
빗소리가 들려오네.

자귀나무

한여름 붉은 접선
펼쳐 든 부부 금실

밤이면 원앙보다
다정스레 품고 자네

부부도
연리지처럼
한평생을 품고 사네.

* 한여름에 꽃이 피는 붉은 자귀나무 꽃은 밤이면 잎을 접고 귀신처럼 잔다고 자귀나무라 한다. 부부금실의 의미로 합혼수라고도 한다.

남국의 페츄니아

낯선 타국 땅의
육교나 도로변에

여름내 아름답게
단장하고 나와서

시집온
다문화 댁 같은
정열적인 여인이다.

■ 평설

시인이 가꾼 꽃밭을 거닐며

김흥열
(사)한국시조협회 명예이사장

I

　승곡 이태순 시인은 교직에 있으면서 학생들에게 지식의 전달만이 아닌 인성교육과 함께 살아가는 데 필요한 도덕심을 고취시키는 등 인재를 육성하여 세계 속의 한국 젊은이로 성장할 수 있도록 애쓰며 가르쳐 온 참 스승이요 교육자로 알고 있다. 한 나라의 동량은 스승에 의해 성장하고 미래와 세계를 향한 꿈을 갖게 된다. 예로부터 스승은 부모와 동격으로 존경해 오고 존중받아 왔다. 우리 어릴 때만 해도 선생의 그림자는 감히 밟을 생각을 하지 못했다. 좋은 선생은 잘 가르치며, 훌륭한 선생은 스스로 모범을 보이고, 위대한 스승은 학생의 가슴에 불을 지른다고 했다. 미루어 생각하건대 승곡 시인은 지금 그분의 열정으로 보아 학생의 가슴에 불을 지르는 스승이었을 것이라는 믿음을 갖게 한다.
　승곡 시인은 중학교 때부터 문학소녀로서 재능을 나타내어 시를 쓰기 시작했으며 대학시절 불문학을 전공하면서 학

회장을 맡기도 했으며 이미 그때는 대학신문에 시와 중편 소설을 연재하기도 했다고 한다. 오래전에 시조로 등단한 뒤 자유시로도 등단하여 시집도 내고 수필집도 낸 경력의 소유자지만 시조의 매력에 빠져 시조공부를 본격적으로 시작한 것으로 아는데 그 열정이 대단함은 자타가 공인하는 바이다. 시조를 갈구하는 불길이 결코 꺼지지 않을 것 같다.

시조는 쉬운 것 같으면서도 어렵다고들 한다. 왜 그럴까? 자유시에 비해서 외형적 제약도 있겠지만 그보다는 함축미와 간결미가 요구되기 때문이 아닐까 한다. 근자에 와서 자유시를 흉내 내거나 시인의 개성만을 중시하여 어색한 작품이 산견되기는 해도 시조는 시조 고유의 미를 파괴해서는 안 된다고 생각한다. 시조 고유의 미(美)란 자유시에서 갖지 못한 아름다운 특징이다. 특히 종장에서 화자의 감정 처리가 절정을 이루어야 한다. 다시 말해 화자의 결의가 나타나야 시조다운 시가 된다. 이것이 시조의 예술성이다.

시조는 다 아는 바이지만 형상화한 대상을 변용의 과정을 거쳐 글로 표현하는 언어적 예술 행위이다. 예술이 아름다움을 표현하고 창조하는 일에 목적을 두고 작품을 제작하는 모든 인간 활동과 그 산물을 통틀어 이르는 말로 정의된다면, 시조 역시 이 범주를 벗어날 수는 없다. 시조의 예술성이란 작품이 아름답고 숭고해 보이는 경지에 이른 것을 이르는 말일 것이다.

시인은 왜 시(詩)를 써야 하는가? 물론 자기가 좋아 하니까 시를 쓴다. 그러나 그러면 시인의 책무는 무엇일까 하고 묻는다면 얘기가 달라진다. 시인은 피폐한 정신을 치료하는 의사이다. 시인의 순수한 서정성은 어둡고 습한 곳에 강렬한 빛을 비추는 것이다. 그 빛은 아픈 영혼을 치유해 주는 힘이 있다. 시조시인에게 있어 그 책무는 하나가 더 추가된다. 전통을 지켜야 한다는 점이다. 이 전통이 무너지면 자유시가 된다. 시조에서 형식을 고수하는 것은 바로 이 전통을 지키려 하기 때문이다.

이번에 승곡 시인의 작품집 『천년의 미소』는 5부로 나눈 시조집으로 제1부는 "타임캡슐을 타고서" 제2부는 "꽃도 날면 새가 된다." 제3부는 "인생 리모델링" 제4부는 "인연을 엮다." 제5부 "천년의 미소"로 나누어져 있고 총 수록 작품수는 113편으로 짜여 있다. 이번에 벌써 4번째 작품집을 상재하고 있다.

시조의 아름다움을 노래한 승곡 시인의 작품을 더듬어 가면서 그 예술성을 더듬어 보기로 한다.

II

    해마다 꽃씨 받아 이곳저곳 심어놓고
    무지갯빛 아름다운 꽃밭을 꿈꾸는데
    어느새 나이가 들어 꽃 필 날을 기다리네

    사는 게 뜬구름 같아 불현듯 서러운데
    산자와 죽은 자들 그 경계가 없을진대

오늘도 마음을 비워 내일을 미리 담네.
「꽃씨를 뿌리고」 전문

우선 이 작품의 제목이 「꽃씨를 뿌리고」이다. 과거형이다. 아마 본인 얘기를 하고 싶은 것 같다. <꽃씨를 뿌리며>라고 했다면 미래의 꿈이 되겠지만 위 작품은 "결과"를 기다리고 있는 형태로 짜여 있다. 첫수 종장에서 '나이가 들어 기다린다.'라고 했으며 둘째 수 종장에서도 '내일을 미리 담는다.'라고 말하고 있기 때문이다.

과거형임에도 불구하고 시조의 시제(時制)는 모두 현재형이다. 둘째 수 초장에서 '삶이 뜬구름 같아 서럽다.'라고 직설적으로 표현하고 있다. 사는 것이 뜬 구름 같은 것은 비록 시인에게만 국한된 일은 아닐 것이다. 생(生)과 사(死)의 경계는 사실상 없다. 같은 울타리 안에 존재하지만 사람들은 경계를 그어 놓고 구분하려 든다. 얼핏 이 작품은 허무주의를 표방하고 있는 것 같으나 그 내면을 들여다보면 희망을 갖고 살라는 긍정적 표현이다. 꽃밭을 꿈꾼다든지, 마음을 비우고 내일을 미리 담는 행위는 희망적이고 의욕에 찬 속내의 표현이다. 오늘보다 더 나은 내일을 기다리고 있기 때문에 시인은 오늘 내일을 미리 담고 있다고 한다. 내일은 희망이요 가야 할 방향이다. 이 글을 읽으면서 이른 봄에 씨앗을 뿌리고 가을 수확을 기다리는 농부의 마음, 또는 최선을 다해 시험을 치르고 난 뒤 그 결과를 기다리는 마음을 볼 수 있다. 인류 문명의 발전은 이와 같은 도전 정신과 절망하지 않는 불굴의 정신력에서 비롯된 것이라면 시인의 이런 간절한 소망과 열정은 분명 시인의 정신세계를 위대한 경지까지 끌어 올릴 것이라는 확신을 갖게 한다.

> 어릴 때 천석꾼 집 고모네 놀러 가면
> 댓돌 위 흰 나막신 손님을 반겨 맞네
> 사랑방 할아버지 옷엔 댓진 냄새 풍겨나고.
>
> 앞마당 감나무엔 단감 냄새 솔솔 나고
> 우물가 보라색의 달개비는 꿈을 꾸고
> 여기가 무릉도원인데 고모님은 안 계시네.
> 　　　　　　　　　　　　　「시골사랑방」 전문

 이 글을 읽는 독자는 누구나 시골 냄새를 느낄 것이다. 댓돌 위에 놓인 흰 고무신이 보이고, 할아버지 방문을 열면 지독히 풍겨 나오는 담배 냄새가 왈칵 덮쳐 올 것 같다. 첫 수 종장 후구를 '풍겨나고.'처럼 '-고'라는 연결어미를 붙여 둘째 수 초장과 연결을 짓는 구조처럼 보이지만 이런 오해를 막기 위해 화자는 마침표를 찍었다. 이 종장은 중장과 도치된 문장으로 시조 형식을 어긴 것이 아니라 정확히 지키고 있는 것이다.
 이 작품은 시기적으로 보아 가을의 풍경이다. 단감냄새가 그렇고, 보라색의 달개비가 그렇다. 조용하고 오직 선(善)만이 존재할 것 같은 이곳이 바로 무릉도원이다. 속세는 인간의 욕망과 질투 시기 비난으로 썩는 냄새가 지독한데 고모가 살고 있는 이 시골 풍경은 세속을 떠난 무릉도원 같은 곳이다.

  시인이 이런 글을 쓸 수 있는 것은 그 마음이 선하기 때문이다. 부처님 눈에는 부처만 보이니까. 온갖 정보가 인터넷 창을 유영하는 요즈음 「시골 사랑방」이라는 제목만으로도 잠시나마 피안의 세계로 이끄는 것 같다. 말만 들어도 그리워 눈물이 날 것 같은 이러한 시제는 메마른 사막을 끝도 없이 걸어가야 하는 현대인들에게는 그야말로 오아시스 같은 반가움이 아닐 수 없다.

> 수돗물 없던 시절 방천 밑 빨래터로
> 엄마들 이고 지고 동네 아낙네 다 모여서
> 돌밭에 빨래를 널며 백옥 되길 소망한다
>
> 양잿물에 기절한 듯 창백해진 빨래들이
> 땡볕에 한숨 자고 뽀얗게 깨어난다.
> 얼마나 힘들었을까. 우리 엄마 하루 삶이
>
> 엄마의 손을 잡고 '폴짝폴짝' 앞서가면
> 행여나 넘어질까 걱정하던 어머니가
> 오늘도 방천 둑 길을 저만치서 가고 있네.
>
>   「방천 빨래터」

  시인의 세대는 육이오 세대이다. 당시에 동네 아낙들이 모여 빨래하던 방천은 시집살이 하는 젊은 새댁들의 한 풀이 장소이며 가난을 한탄하던 노래방이며 세상의 온갖 정보를 주고받는 대화의 광장이었다. 요즘 같이 성능 좋은 세

재가 없던 시절이라 당시에는 양잿물을 사용하는 게 보편화되어 있었다. 맨손으로 그 빨래를 만지면 손바닥이 헐어 상처가 생기던 기억이 아직도 생생하다. 빨래를 말리려면 돌밭이나 풀섶에 널어 말리곤 했다. 그 빨래가 마르는 동안은 휴식의 시간이고 설움과 아픔에서 해방된 시집살이 여인이 만끽해도 되는 자유의 시간이었다.

   우리의 어머니들은 빨래를 빠는 받침돌이 매끄럽게 닳도록 빨래터를 사랑했다.

   지난 6,7십 년을 타임머신을 타고 되돌아간 시간은 눈물로 얼룩진 세월이었지만 지금 되돌아보면 아름다운 꽃들이 만발한 꽃밭이 된다. 왜냐하면 우리는 누구나 추억을 먹고 살기 때문이다. 그러나 그 빨래터는 현대화라는 미명 아래, 경제성을 최우선시하는 기업 정신에 밀려 이미 사라진 지 오래다. 이와 같은 경제우선주의는 인간의 정신을 메마르게 하고 정이라는 숭고한 마음마저 폐허로 만들어 버리고 기계적인 삶을 요구하고 있다. 앞으로 또 한 세대가 지나가면 '빨래터'라는 말 자체가 '옛말 사전'이라는 책 속에서 눈을 껌벅이고 있을 것이다.

     엄마가 사 온 고기
     소 울음이 묻어 있고

     아빠가 사 온 치킨
     먹으려니 닭이 우네

> 아이가
> 터뜨린 울음보에 온 집안이 물바다네.
>
> 「채식 아이」

 채식주의는 그 기원이 어떻게 된 것인지는 분명치 않으나 기록에 보면 B.C천년 경에 지중해에서 시작된 것으로 보인다. 피타고라스와 그 제자들은 금육을 권고했는데 이는 모든 동물은 인간과 동족 관계라고 믿었기 때문이다. 동물에 대한 인간 박애정신을 강조하기 위해 이런 주장을 폈을 것이다. 지금도 가톨릭에서는 성금요일에는 금육할 것을 권고하고 있다.

 이 작품은 상상력이 매우 뛰어난 작품이다. 독자에게 전하는 메시지도 강하다. 아마 시조는 이런 맛에 짓는가 보다. 시조의 3대 요소 외에 필자는 이 상상력이라는 요소 하나를 더 추가해야 한다고 주장하는 사람이다. 이 상상력이야말로 시조를 맛깔스럽게 만들어 주고 있다. 비빔밥에 참기름 한 방울 떨어뜨리는 효과를 거두는 것이 상상력이다. 초장에서 소 울음이 묻어 있다는 상상력과 중장에서 치킨을 먹으려 하니 닭이 운다고 하는 상상력은 정말 절창이라 하지 않을 수 없다.

 제목도 재미있다. '채식자'라 하지 않고 '채식아이'라고 '아이'를 붙여 놨는데 이는 종장의 시적 효과를 극대화시키고자 하는 화자의 고의성 때문일 것이다. 아이가 안 먹고 울면 부모 마음은 찢어진다. 만약 아이라 하지 않고 어른이나 다른 이름을 도입했다면 종장 같은 효과는 반감되었을 것이다. '온 집안이 물바다네.'라는 표현도 얼마나 낯설고 재미있는가? 이 표현에는 부모의 애타는 마음까지도 함께 섞여 있다. 이런 작품을 시조의 예술이라 할 만하다. 시인은 이 글을 통하여 독자에게 전하고 싶은 메시지는 무엇일까? 생명에 대한 존엄과 가족 간의 사랑을 강조하고 있는 것으로 보인다.

꽃잎이 바람 타고
하르르 날아와서

유년 시절 아이 되어
저 멀리서 웃고 있네

그 시절
고향 메아리가 나를 반겨 달려드네.

살아서 움직이는
옛 추억이 부활하면

보고 싶은 친구들은
무지개로 피어나고

오남매
부모 모시고 오손도손 살고 있네.
「향수」 전문

이 작품 역시 몇 개의 특징이 있다.

첫 수에서 '꽃잎이 아이가 되어 웃고 있다.'라고 했으며, 종장에서는 '그때 메아리가 지금 달려든다.'라고 했다. 이 역시 상상력을 잘 발휘한 작품이다. 둘째 수 중장에서도 보고 싶은 친구들이 무지개로 피어난다고 했다. 통상적으로 무지개 하면 꿈과 희망으로 받아들인다. 아마 무지개를 싫어하는 사람은 없을 것이다. 어릴 때 꿈꾸던 아이는 바로 화자 자신이다. 시인의 이런 짙은 향수는 살기 위해 고향을 등진 사람, 그중에서도 강제이주 하다시피 한 실향민에게 있어서는 더욱 아픈 기억으로 자리매김하고 있을 것이다. 고향을 떠나지 않고 죽는 날까지 한 곳에 머물러 사는 사람도 있다. 그렇다고 그들에게는 향수가 없는 것일까? 아니다 어린 시절의 추억이 모두 향수가 된다. 우리는 모두 향수를 먹고 산다. 수구초심(首丘初心)이니 수구지정(首丘之情)이란 말처럼 짐승도 죽을 때는 제 살던 언덕을 향하여 머리를 둔다고 했다. 하물며 사람이야. 이 작품을 읽으며 특히 생각나는 사람들이 이산가족이다. 그들은 이념이라는 감옥에 갇혀 고향땅을 밟지 못한다. 만물의 영장이라고 하는 인간이 이념이라는 창살 없는 감옥을 벗어나지 못하는 것은 얼마나 어리석음이며 바보 같은 짓인가?

    삼사일 일기예보 전국적 장마란다.
    땅 밑에서 들었을까 온몸으로 감지했나
    땡볕에 지렁이 한 마리 땅속에서 나왔다

    눈 없어 땅바닥에 헛짚어 뒹구니까

개미조차 업신여겨 제 맘대로 물고가서
　　며칠간 식량걱정 없겠다. 잔치잔치 열린다.
　　　　　　　　　　　「잘못된 일기예보」 전문

　땅속의 지렁이는 누구일까? 왜 햇볕 쨍쨍한 날 지상으로 올라와 개미 무리에게 물어 뜯겨야 하는가? 잘못된 일기예보로 인하여 죽어가는 이는 누구일까?
　이 작품을 읽으면 많은 생각을 하게 한다. 사람은 누구나 자유를 원하고 배고프지 않기를 바라고 음지에 벗어나 살기를 원하고 권력자로부터 구속당하지 않을 권리를 바라지만 사회적 약자의 삶은 늘 비참하다. 반면에 강자는 약자를 짓누르고 등쳐먹고 강탈하면서도 죄의식은커녕 당연한 일로 여기며 권리를 향유한다. 지배계층은 약자를 속이는 일기예보를 종종 한다. 휘황찬란한 현수막을 내걸고 금방이라도 하늘에서 복주머니가 떨어질 듯 달콤한 말을 하지만 그것은 어디까지나 자기들의 권세를 향유하기 위한 허울 좋은 표현일 뿐이고 속는 것은 언제나 약자이다. 약자는 귀가 얇다. 그리고 뒤로 가서 강자들은 자신들만을 위한 잔치를 벌인다.
　그러나 이런 부조리와 불합리를 하늘은 다 알고 있다. 둘째 수 초장에서 "눈 없어 땅바닥에 헛짚어 뒹구니까."라는 표현이 참 재미있다. 지렁이가 눈이 없다는 것은 삼척동자도 다 아는 일이다. 그런데 왜 시인은 이 말을 구태여 사용했을까? '정보에 눈이 어두워 제 이익을 차리지 못하는 하층민'을 표현하고 있다. 하층민들은 눈이 있으나 보지 못하고 귀가 있으나 듣지 못한다. 그래서 평생을 배고프고 서럽게 지내야 한다. 중장에서 말하는 '개미'도 별것 아닌 존재다. 형편이 비슷하지만 그 개미들마저도 무시하고 멸시한다. 떼거리로 몰려들어 자기주장이나 자기이익을 실현하려 덤벼드는 무리를 빗대어 '개미'라는 보조관념을 도입한 것으로 보인다. 이 작품은 지렁이와 개미라는 보조관념만으로 사회의 부조리를 고발하고 있는 작품이다. 정의로운 사회를 구현하겠다는 위정자들의 외침은 한낱 구호이며 자기들만의 이익을 위한 속임수요 말장난이라는 메아리가 가슴에 와 닿는다.

  벚꽃 비 요정 되어
  산지사방 흩날리고

  샛노란 개나리꽃
  나비 되어 춤을 춘다.

  춘 사월
  백학이 된 목련
  새가 되려 잎을 연다.
           「꽃도 날면 새가 된다」

 불교의 근본 교의의 하나인 '제법무아(諸法無我) 제행무상(諸行無常)'이라는 말이 생각난다. 만유의 모든 법은 인연으로 생긴 것이어서 진실한 자아의 실체가 없고 우주 만물은 항상 생사와 인과가 끊임없이 윤회하므로 한 모양으로 머물러 있지 않다는 말인데 이런 측면에서 보면 꽃은 새요, 새는 꽃이 된다. "꽃이다. 새다." 하고 구분을 짓거나 정의를 내리는 것은 윤회사상에서 보면 아무런 의미가 없는 말이다. 마치 존재하지 않는 무한의 공간 속에서 시간이란 개념을 끌어들여 눈금을 그어 놓고 한 시간 두 시간 세는 것과 다르지 않다. 시조 작품의 구성은 사실적 표현 같기도 하지만 그 행간에 숨긴 메시지는 불가의 윤회사상을 말하고 있다고 본다.

꼭 불자가 아니라도 윤회사상은 우리에게 주는 메시지가 있다. "윤회"라는 말은 '함께 흘러간다.'라는 의미지만, 중생은 자기가 지은 죄업에 따라 삶과 죽음을 무한이 되풀이한다고 믿는 사상으로 이는 권선징악을 넘어 해탈의 경지를 일컫는 말이다.

승곡 시인은 이미 해탈의 경지에서 '꽃도 날면 새가 된다.'라고 말한다면 지나친 표현이 될지 모르지만 한 시인의 눈으로 보면 남이 못 보는 것을 볼 수 있고 듣지 못하는 것을 들을 수 있으므로 이런 비유가 가능할 것이다.

아무도 가지 않는
눈길로 걸어간다.

음표를 그려보고
수묵화를 그려놔도

오는 눈
쉬지 않고 지운다,
지우개도 없는데.

「발자국」 전문

우리는 누구나 삶의 흔적을 남긴다. 필자도 가끔씩 "내가 앉았던 자리에서는 무슨 냄새가 날까?" 하고 반문해 볼 때가 있다. 마치 첫눈을 맨 처음 밟고 간 사람이 분명 존재하고 또 새로 내리는 눈은 그 흔적을 지우고. 이것이 인류의 역사일 것이다. 그러나 창조주의 입장에서 보면 인간의 흔적이란 태초의 순수하고 아름다운 세상을 더럽히는 행위이다. 그러나 빛의 세계는 살아 있는 것이고 살아 있다는 것은 조물주의 뜻을 거스르지 않는 것이다.

지우고 또 지워도 발자국을 남기고 싶은 마음이 인간의 욕심이라면 지나친 말일까?

이 작품 역시 단순히 자연현상만을 묘사한 것이 아니라 평범하면서도 독자에게 하고픈 말이 있는 작품이라 하겠다. 다시 말해 인간의 본성을 표현한 것이라 본다.

> 초롱초롱 기억력도 나이 앞에 무너지네
> 수퍼에 물건사고 전번 네 자 물어보면
> 속으론 처음부터 외워서 끝 네 자를 말한다.
>
> 은행에 비밀번호 잊고 나서 또 만들며
> 잊을까 비밀번호는 모조리 통일하고
> 야속한 세월만 탓한다. 또 잊을 게 뻔한데.
> 「까마귀 고기」 전문

건망증이 있는 사람을 보고 까마귀 고기 먹었느냐고 하는데 사람은 누구나 세월을 이기지 못한다. '까마귀'에 대한 이야기는 고전에도 우화에도 자주 등장하기는 하지만 건망증이나 기억력 쇠퇴의 의미로 쓰인 작품을 못 본 것 같다.

　세월에 순응하는 것이 신의 뜻에 순종하는 것이다. 나이가 들면 누구나 기억력이 떨어져 방금 한 말도 생각이 안 나고 잘 알던 친구의 이름도 가끔씩은 입안에서 뱅뱅 돌며 나오지 않을 때가 종종 있다. 늙어 가면서 겪게 되는 이런 일련의 과정은 지극히 정상적인 행태일 것이다. 그러나 치매라는 병은 우리를 슬프게 한다. 인간의 존엄성을 송두리째 빼앗아 간다. 종장에서 화자는 "또 잊을 게 뻔하다."라고 말하고 있지만 실제 시인이 말하고 싶은 것은 '뻔하다' 하더라도 세월을 탓하지 말자는 반어법적 표현을 쓰고 있다. 초장 중장에서 새로 만드는 이유를 밝히고 있으니까.

　기억력을 잘 유지하려면 시조를 써야 한다. 두뇌를 운동시키는 방법은 글 쓰는 게 최고라던 어느 분의 말씀이 새삼 다가온다.

> 아파트 화단에서 꽃보다 예쁜 단풍
> 노을에 불이 붙어 가을 산을 다 태운다.
> 한 겨울 살아가려면 가진 것을 놓으라며.
>
> 어느새 헌 잎 주고 새잎 돋아 봄이 되니
> 초록색 단풍나무 햇살에 눈부시다.
> 인생도 리모델링하면 저 모습이 되련만.
>
> 　　　　　　　　　　　　　　「인생 리모델링」 전문

　노을이 가을 산을 다 태우면 남는 것은 앙상한 나목뿐이다. 나무도 내년을 위해 가진 것을 버릴 줄 아는 지혜가 있건

만 하물며 사람이야 어떻겠는가. 그럼에도 불구하고 사람은 버릴 줄 모른다. 하나라도 더 갖고 더 잡으려 안간힘을 쓴다. 사람을 피폐하게 하는 것은 바로 욕심이다. 이 욕심이 육신을 파괴하고 영혼을 파괴하고 결국은 비참으로 몰고 간다. 지금 잎 떨군 나목을 보면서 승곡 시인은 인생 리모델링을 통하여 인생 이모작을 꿈꾸고 있다. 승곡 시인은 지칠 줄 모르는 시인이다. 누구나 고희가 지나면 달인이 된 것처럼 다 비우고 살라며 쉽게 말하지만 승곡 시인에게는 이 말이 적용되지 않는다.

시인은 아직도 청춘이다. 아니 리모델링이 언제 끝날지도 모른다.

승곡 시인은 리모델링에 사용한 재료를 다음 작품에서 세세히 밝히며 우리에게 강한 메시지를 전달해 주고 있다.

    칠십 년 끌고 다녀
    분필처럼 닳아버린

    무릎연골 허리까지
    협착증이 찾아와서

    어차피 같이 살 몸인데 짜증 내지 말란다.

    마음은 천년만년
    쓸수록 청춘인데

몸과 맘은 따로 노네
천수는 멀었는데

이것도 감사할 일이다, 하늘의 축복이다.
「인생 리모델링 · 2」 전문

승곡 시인은 구체적 재료로 "짜증"내지 말라는 것과 "감사"를 권장하고 있다.

쇳덩어리도 닳아 없어지는데 하물며 사람이야 말할 필요도 없다. 어차피 과거로 회귀할 수 없다면 짜증내지 말고 편하게 살아야 한다. 노년의 행복은 화내지 않고 매사에 감사하는 것뿐이다. 평생을 나를 위해 힘든 일 고통스러운 일 마다하지 않은 육신이 얼마나 고마운가. 사실 우리는 평생 감사하며 살아야 한다. 국가, 사회, 이웃, 가족, 심지어 내 것인 양 마구 부려먹은 자신의 육신에게마저도 감사해야만 한다.

나이 들어가면서 사랑과 용서와 감사를 잊고 살면 다른 이들도 나를 잊어갈 것이 분명하다. "인생 리모델링 2"를 통하여 새삼 공감하는 바가 크다.

하나둘 위태롭게
쌓아올린 돌탑처럼

어느 날 공도 없이
와르르 무너진다

오늘도

다시 쌓는다.
흐트러진 돌을 모아.

「기억 속으로」 전문

위 작품은 우리에게 희망을 준다. 인생은 평생 한두 번은 아픔을 겪는다. 그래서 "실패는 성공의 어머니"라는 말이 생겨났을 것이다. 실패를 두려워하면 성공할 수 없고 인류의 문명은 제자리를 벗어나지 못할 것이다. 칠전팔기(七顚八起)라는 격언도 있다. 공든 탑이 무너진다 해도 우리는 다시 일어나야 한다.

종장에서 시인은 '흐트러진 돌을 모아 다시 탑을 쌓는다.'라고 한다. 그에게 포기라는 말은 아예 없는 것 같다. 면면히 이어져 내려온 한 민족의 끈기요, 지면 또 피는 무궁화의 끈질김이다.

승곡 시인의 끈기와 인내, 그리고 용기가 돋보이는 작품으로 이런 작품을 쓰는 용기는 평소 그가 살아온 삶의 방식이기도 할 것이다. 제목은 좀 어울리지 않는 것 같으나 "자신의 기억 속에는 칠전팔기의 정신이 있다는 점을 기억하고 싶어서라고 추측해 보고 싶다. 사람들은 대칭적인 것을 안정감을 준다는 이유로 좋아하는 편이지만 때로는 비대칭적인 것이 많은 생각을 하게 하고 더 좋은 경우도 종종 있다.

따라서 제목이 주는 비대칭적 이미지가 독자로 하여금 사색의 공간을 걷게 만드는 것이리라.

노인정 앞 유모차는
우리 할매 도우미다

허리 아파 밀고 가고
무거운 짐도 싣네

길 가다
유모차 붙잡고
뒤로 쫙 허리 펴네.

「할머니」 둘째 수

할머니의 유모차는 도우미이다. 그 도우미의 도움이 없다면 할머니는 활동하는 데 많은 지장을 받는 것은 물론이고 삶이 얼마나 답답하겠는가. 필자는 전에 할머니가 유모차 바퀴에 길을 감고 있다고 쓴 적이 있다. 필자의 생각이 상상력이라면 승곡시인의 생각은 매우 현실적이다. 그 누구도 할머니처럼 유모차 도우미를 청하는 경우가 없을 것이라고 단정 지을 사람은 없다. 하기 싫어도 세월이 그렇게 만든다.

할머니의 유모차는 때로는 도우미로, 때로는 운동기구로, 때로는 반려자로 함께한다.

초장은 A is B 형식의 은유법으로 문장을 이끌어내고 있어 시적 묘미를 잘 살려 내고 있으며 시조의 정형성도 잘 유지하고 있다.

할머니가 밀고 가는 유모차에는 무엇이 실려 있을까? 할머니가 살아온 세월이 실려 있다. 험한 세월을 지나오며 묻은 얼룩진 삶도, 남편을 만나 가정을 일구어 온 보람도, 짙어

가는 노을에 물들어가는 허무도, 인생의 무상함도 모두 실려 있다. 시인이 말하고 있는 '무거운 짐'이란 아마 이런 세월이 남기고 간 짐일 것이다. 그래서 유모차는 할머니의 친구이며 반려자이다.

> 지중해 아드리아해 끝자락 물의 도시
> 석호 위 산마르코, 두오모 성당에서
> 그 옛날 나폴레옹 황제가 환영처럼 지나간다
>
> 동전을 던지면서 다음을 약속하는
> 트레비 분수에는 무지개가 떠오르고
> 폼페이 슬픈 역사 속 활보하는 화석들
>
> 페렌체 거리에서 오가는 현대인들
> 아름드리 올리브에 새순 돋아 푸르르면
> 저 멀리 나포리 바다 꿈길처럼 펼럭인다.
> 「아, 베네치아」 전문

　시조의 창작은 선경후정이라고 한다. 첫수 초장에서는 선경을 살려내어 독자의 관심을 끌어내고 종장에서는 상상력을 동원하여 시조를 더욱 맛깔스럽게 만들고 있다.
　둘째 수에서는 당시 화려했던 전성시대가 지금은 슬픈 역사를 지니고 사는 모습을, 셋째 수에서는 재기를 꿈꾸는 새로운 역사의 주인공을 표현하고 있다.
　한 세대의 희생으로 이룩한 부(富)와 문명의 발전은 후손들의 게으름과 나태로 과거로 회귀한 역사적 사실을 우리는 많이 알고 있다. 통치자들의 무능도 한 몫 했을 것이다. 시인은 독자에게 역사는 반복된다는 점을 외치고 있는 것 같다.

  인간의 욕심은 끝이 없어서 가끔은 신의 영역을 넘겨다본다. 바벨탑이 그렇고 유럽 전역에 존재하는 엄청난 규모의 크리스천 문화가 그렇다. 신은 화려함보다 초라함을 사랑한다. 원죄조차 없는 예수의 죽음은 초라함 그 자체이다. 그러나 사람들은 이 초라함에 화려함을 덧칠해 놓고 만족해한다. 신께 바친다는 이름으로. 전 유럽을 통치하던 로마가 왜 멸망했을까? 여러 이유가 있겠지만 그 중에 첫째는 아마도 인간의 지나친 욕심에서 비롯된 부패가 아닐까 한다. 하기야 지금 그 후손들은 조상들의 솜씨를 팔아 잘 살아가고 있기는 해도 옛날의 영화를 되찾지는 못한다.

    어머니 이름 석 자 불러보면 목이 메네
    손발이 터지도록 자식 위해 고생해도
    엄마는 다 그런가 봐 손 한 번 못 잡았네.

    이제야 부모 되어 그 심정을 알겠구나
    뺀질뺀질 일도 안 한 막내가 예뻤나요
    저승에 '만남의 장소 있나요.' 꼭 가서 뵈올게요.
                                    「사모곡」 전문

  우리는 누구나 엄마라는 이름 때문에 가슴이 아파 눈물을 흘려본 적이 한두 번은 있을 것이다. '여자는 약하지만 엄마는 강하다.'라는 말이 있듯 어머니 앞에 서면 우리는 모두 숙연해진다. 더구나 돌아가신 다음에야 더 말해 무엇 하겠는가?

철없어 젊을 때는 어머니의 고마움을 잘 알지 못한다. 이상하게도 돌아가신 다음에야 철이 들어 후회하며 눈시울을 붉힌다. 아마 부모에 대한 정은 누구나 같을 것이다. 시인은 말한다. 엄마 손이 다 터지고 피가 흘러도 엄마 손은 다 그런가 봐 하며 대수롭지 않게 여기다가 자신이 엄마가 되고 나서야 그 심정을 이해하게 된다. 이것이 내리사랑인가? 시인은 저승에 만남의 장소가 있다면 꼭 찾아뵙겠다고 때 늦은 후회를 하지만 소용없는 일이다.

> 시인은 번개같이 시상을 받아쓰고
> 화가는 바람 속 새소리도 그려내고
> 꿈꾸는 발레리나는 안무만을 구상한다.
>
> 기법만 다를 뿐인 이심전심 소통으로
> 가수는 혼신의 힘 다하여 열창하니
> 영감은 에스프레소처럼 예술가의 산소다.
> 「영감(靈感, inspiration)」 전문

시인의 시상은 번개처럼 번뜩일 때가 있다. 그 찬스를 놓치지 않고 독수리처럼 낚아채어 시조의 틀 속에 가두는 재주를 종종 발휘한다. 화가가 바람소리, 새소리를 그린다면 시인은 바람소리 새소리를 듣는 게 아니라 보는 눈을 가지고 있다. 아마 승곡시인은 이러한 눈을 가지고 있을 것이 틀림없다. 화려한 예술의 옷을 입고 춤추며 노는 이는 가수이겠지만 이 가수가 입는 옷을 만들어 주는 이는 시인이다. 시인은 영감을 먹고 산다. 영감은 시인에게는 생명과 같다. 이런 영감이 없다면 시인을 시를 지을 수 없다. 그래서 승곡 시인은 영감을 시인뿐 아니라 모든 예술가에게 산소라고 정의한다. 인간이 생명을 유지하는 데 필수 요소가 산소이다. 이 산소는 눈으로 볼 수는 없지만 산소 없는 삶이란 상상하기 어렵다. 시인은 이처럼 소중하고 필수불가결한 것이 있다면 그것은 바로 영감이라고 말하고 있다.

    수채화 물감으로 내 인생을 그려보네
    살아 온 아픈 기억 다 지울 수 있다면야
    물감에 퐁당 빠져서 뼛속까지 물들겠다

    눈이 와 삼라만상 하얗게 뒤덮여서
    내 인생의 첫 발자국 수묵화로 그리면서
    언제나 그냥 그대로 처음처럼 살고 싶어.
                                    「처음처럼」 전문

  제목이 「처음처럼」이다. 즉 초심을 잃지 말라는 의미이다. 초심은 어떤 일을 시작할 때 갖게 되는 순수한 의도와 마음가짐이다. 초심을 잃게 되는 것은 매너리즘에 빠지기 때문이다. 초지일관(初志一貫)하기가 어려운 것은 사실이다.
  아마 승곡 시인과 같은 생각을 가진 사람은 많을 것이다. 누구나 한두 번을 후회할 일이나 씻을 수 없는 잘못을 저질렀을 가능성이 많기 때문이다. 누군가 눈만 뜨면 죄를 짓는다고 한 말을 필자는 기억한다. 알게 모르게 평생 지은 죄업은 돌이킬 수 없겠지만 뉘우치고 다시는 죄 짓지 않겠다는 각오로 회개한다면 이미 그는 죄를 지은 것이 아닐 것이다.

그래서 시인은 종장에서 남다른 비장함을 엿보이고 있다. "물감에 퐁당 빠져서 뼛속까지 물들겠다."라고 결의를 다지고 있다. 시조의 묘미는 종장에 있다. 종장에서 이처럼 화자의 결의로 마감한 작품을 보면 전율이 느껴진다. 우리가 흔히 말하는 명시조는 고시조, 현대시조를 막론하고 이처럼 종장에서 화자의 결의를 확실하게 드러내고 있다.

둘째 수에서 '내 인생의 첫 발자국'은 초심을 비유한 말이고 '수묵화로 그린다.'라는 말은 모든 욕심 다 내려놓고 편하게 살고 싶다는 의지의 표현일 것이다.

    용광로 쇳물 같은
    열정으로 시를 쓰고

    잉걸불로 무두질한
    붉은 심장 하나 꺼낸다면

    죽어서
    연옥에 빠져도
    미치도록 사랑하리

                                  「붉은 심장」 전문

승곡 시인은 확실히 열정가이다. 용광로 쇳물 같은 열정으로 시를 쓰고 싶다고 한다.
이런 열정이 그의 작품을 빛나게 한다. 자기의 심장을 잉걸불로 무두질하여 담금질을 하고 싶을 만큼, 시를 쓰다가

연옥에 빠진다 하더라도 시를 쓰겠다는 결의를 다지는 시인의 마음이 경건하고 존경스럽다. 이런 그의 열정에 우리는 숙연해질 수밖에 없을 것 같다. 이 작품은 초장부터 종장까지 모두 결의를 다지는 형태인데 얼마나 가슴이 뜨거우면 이런 표현이 가능했을까.

Ⅲ

이상 承谷 이태순 시인의 작품을 열람한 소감을 평설이라는 형식을 빌려 적어 보았다. 이 시조집에 수록된 100여 편의 아름답고 고운 노래는 지극히 자연스러울 뿐만 아니라 시조의 포에지(poésie)가 담론적(談論的)적이며 아포리즘(aphorism)의 미학을 확보하고 있다고 하겠다. 시조를 시작한 경륜에 비추어 작품 하나하나의 심상을 솔직하게 작품화하여 예술성을 갖추려고 애쓴 흔적이 선명하기 때문이다.

비교적 시조 전반에 걸쳐 형식을 벗어난 경우는 드물고 초장 중장 종장의 연결성이나 장의 독립성 역시 잘 지키고는 있으나 수사법의 활용을 좀 더 적극적으로 했으면 하는 바람이다. 시조는 직설법보다는 은유를, 그리고 우리의 삶에 비유한 의인화법을 잘 활용하면 좀 더 예술적인 작품이 탄생되지 않을까 하는 생각에서이다.

이분법적 사고로 갈라진 현실에서 편안하고 조화로운 삶을 꿈꾸는 시인의 노래가 어두운 뒷골목에도 메아리쳐 세대 간에도, 빈자와 부자 간에도 아무런 구분이 없이 파고들기를 바란다. 시조는 서정성과 사회성이 조화를 잘 이루어야 밤하늘에 빛나는 별처럼 반짝일 것이다.

　앞으로 열심히 탁마하여 승곡 시인이 하늘에 빛나는 별로 뜨기를 간절히 소망하며 시인의 이름을 시조 역사에 꼭 덧붙이기를 기대한다.